Impressum
Verlag: BABADADA GmbH, Nedderfeld 112 , 22529 Hamburg
Geschäftsführer / Verlagsleitung: Harald Hof
Druck: Books on Demand GmbH, In de Tarpen 42, 22848 Norderstedt

Imprint
Publisher: BABADADA GmbH, Nedderfeld 112 , 22529 Hamburg, Germany
Managing Director / Publishing direction: Harald Hof
Print: Books on Demand GmbH, In de Tarpen 42, 22848 Norderstedt

okul

sekolah

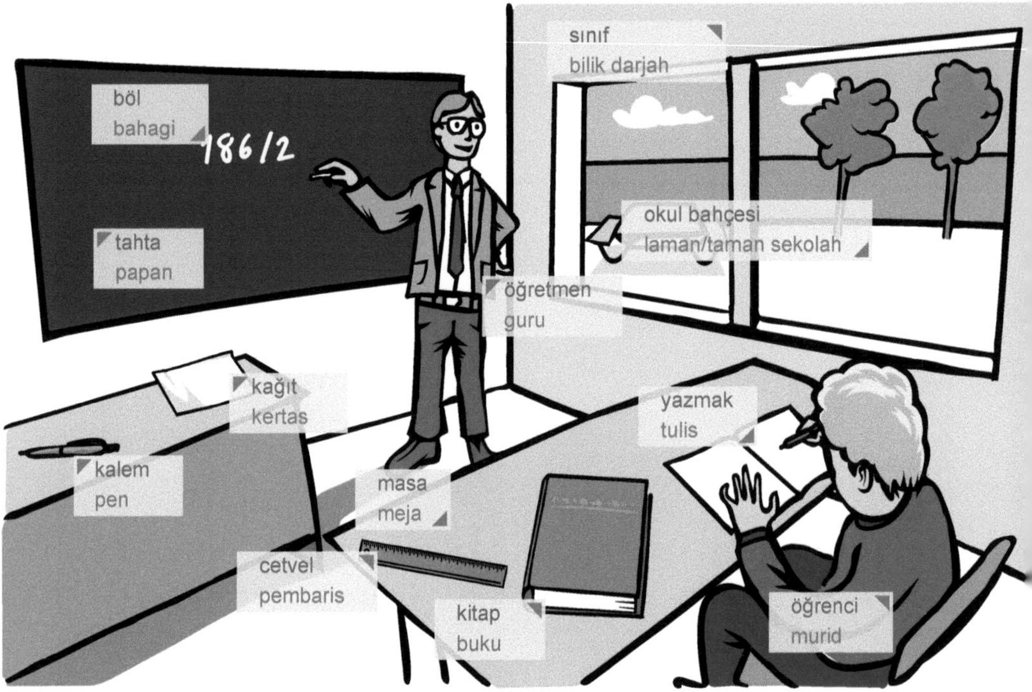

sınıf
bilik darjah
böl
bahagi
186/2
tahta
papan
okul bahçesi
laman/taman sekolah
öğretmen
guru
kağıt
kertas
yazmak
tulis
kalem
pen
masa
meja
cetvel
pembaris
kitap
buku
öğrenci
murid

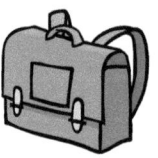

okul çantası

beg galas

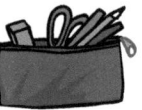

kalemlik

kotak pensel

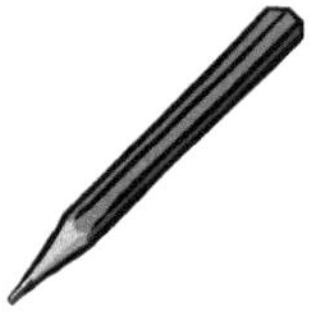

kurşun kalem

pensel

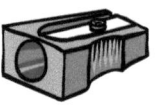

kalem açacağı

pengasah pensel

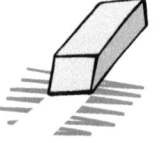

silgi

pemadam

çizim defteri

kertas lukisan

çizim

melukis

resim fırçası

berus lukis

boya kutusu

kotak warna

makas

gunting

tutkal

gam

alıştırma kitabı

buku latihan

ödev

kerja rumah

12

sayı

nombor

2+2

ekle

tambah

5-2

çıkar

tolak

2×2

çarp

darab

hesapla

kira

A

harf

huruf

ABCDEFG HIJKLMN OPQRSTU VWXYZ

alfabe

abjad

kelime

kata

metin

teks

okumak

baca

tebeşir

kapur

ders

pelajaran

kayıt

daftar

sınav

peperiksaan

sertifika

sijil

okul forması

uniform sekolah

eğitim

pendidikan

ansiklopedi

ensiklopedia

üniversite

universiti

mikroskop

mikroskop

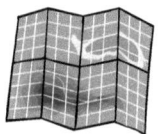

harita

peta

kağıt çöp kutusu

bakul sampah

seyahat
berjalan

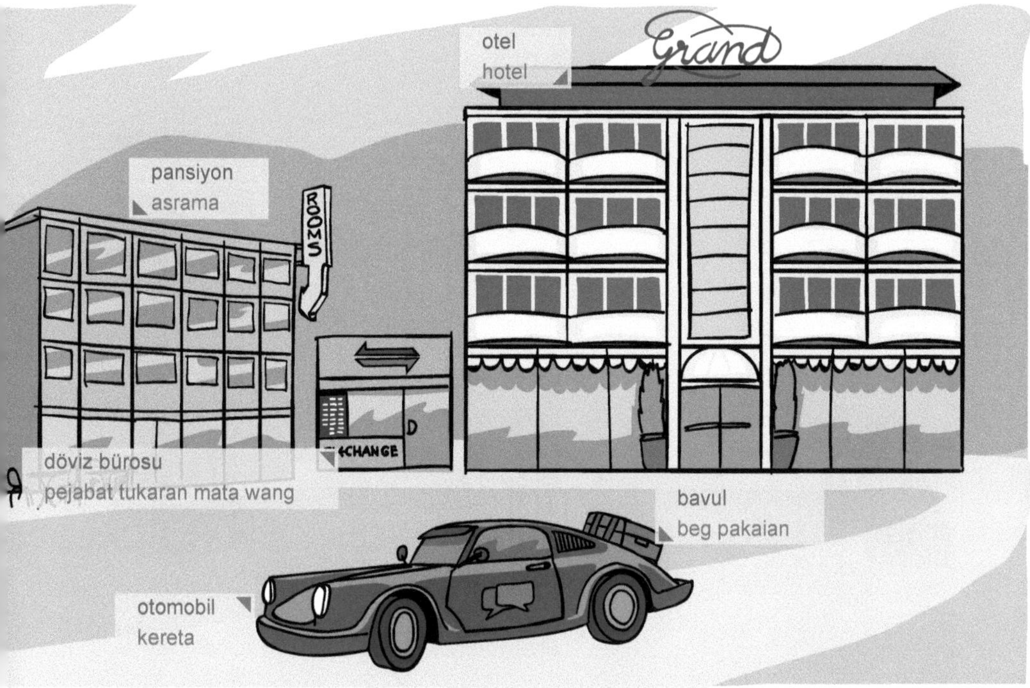
otel
hotel
Grand
pansiyon
asrama
ROOMS
CHANGE
döviz bürosu
pejabat tukaran mata wang
bavul
beg pakaian
otomobil
kereta

dil

bahasa

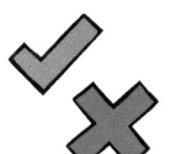

evet / hayır

ya / tidak

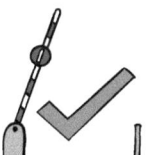

Tamam

okey

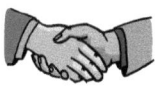

merhaba

helo

çevirmen

penterjemah

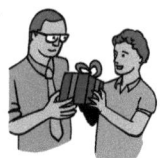

Teşekkür ederim

Terima kasih

bu ... ne kadar?

berapa banyak...?

anlamadım

saya tidak faham

problem

masalah

İyi akşamlar!

Selamat petang!

Günaydın!

Selamat Pagi!

İyi geceler!

Selamat Malam!

güle güle

selamat tinggal

yön

arah

bagaj

bagasi

çanta

beg

sırt çantası

beg galas

misafir

tetamu

oda

bilik tidur

uyku tulumu

beg tidur

çadır

khemah

turist danışma

maklumat pelancong

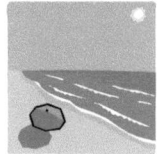

sahil

pantai

kredi kartı

kad kredit

kahvaltı

sarapan

öğle yemeği

makan tengah hari

akşam yemeği

makan malam

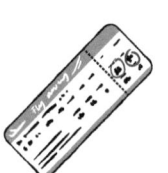

Bilet

tiket

asansör

lif

pul

setem

sınır

sempadan

gümrük

kastam

elçilik

kedutaan

vize

visa

pasaport

pasport

ulaşım

pengangkutan

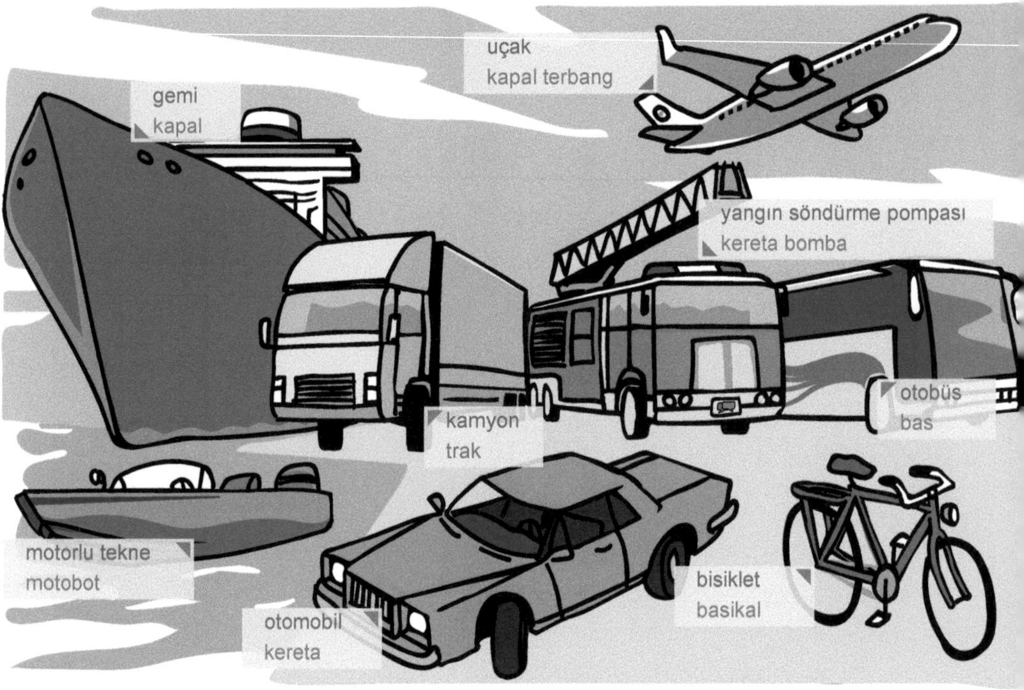

uçak
kapal terbang
gemi
kapal
yangın söndürme pompası
kereta bomba
otobüs
bas
kamyon
trak
motorlu tekne
motobot
bisiklet
basikal
otomobil
kereta

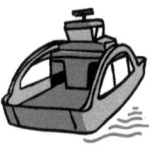

feribot

feri

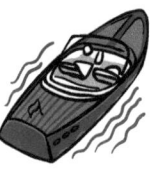

bot

bot

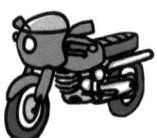

motosiklet

motosikal

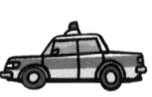

polis arabası

kereta polis

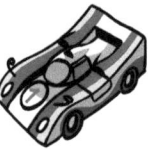

yarış arabası

kereta lumba

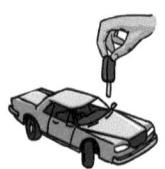

kiralık araba

kereta sewa

ortak araba	çekici	çöp kamyonu
berkongsi kereta	trak tunda	trak menolak

motor	yakıt	benzinlik
motor	bahan api	stesen minyak
	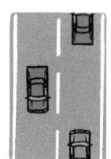	
trafik işareti	trafik	trafik sıkışıklığı
tanda trafik	trafik	kesesakan lalu lintas

otopark	tren istasyonu	ray
tempat parkir	stesen kereta api	trek
	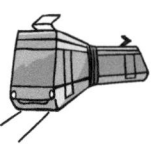	
tren	tramvay	vagon
kereta api	trem	gerabak

helikopter
helikopter

havaalanı
lapangan terbang

kule
Menara

yolcu
penumpang

konteyner
bekas

koli
kadbod

yük arabası
kart

sepet
bakul

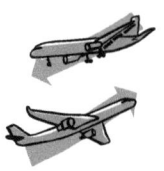

kalkış / iniş
berlepas / mendarat

şehir
bandar

köy
kampung

şehir merkezi
pusat bandar

ev
rumah

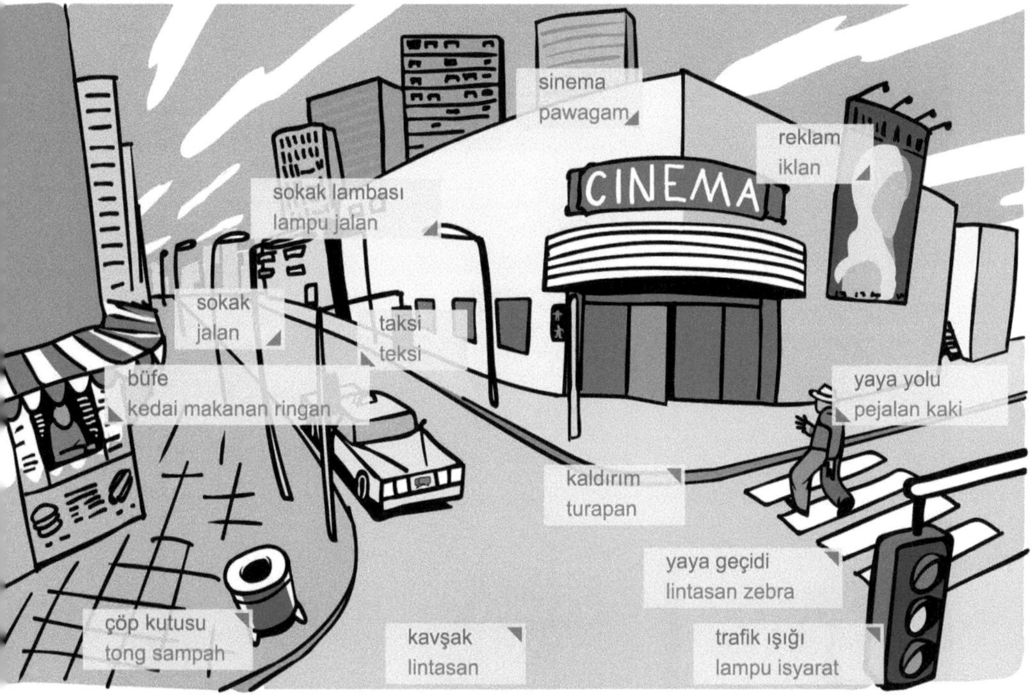

sinema
pawagam

reklam
iklan

sokak lambası
lampu jalan

sokak
jalan

taksi
teksi

büfe
kedai makanan ringan

yaya yolu
pejalan kaki

kaldırım
turapan

yaya geçidi
lintasan zebra

çöp kutusu
tong sampah

kavşak
lintasan

trafik ışığı
lampu isyarat

kulübe

pondok

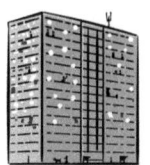

apartman dairesi

flat

tren istasyonu

stesen kereta api

belediye binası

dewan bandar

müze

muzium

okul

sekolah

üniversite
universiti

banka
bank

hastane
hospital

otel
hotel

eczane
farmasi

ofis
pejabat

kitapçı
kedai buku

mağaza
kedai

çiçekçi
kedai bunga

süpermarket
pasar raya

market
pasaran

büyük mağaza
gedung

balık satıcısı
penjual ikan

alışveriş merkezi
pusat membeli-belah

liman
pelabuhan

park

taman

bank

bangku

köprü

jambatan

merdiven

tangga

metro

bawah tanah

tünel

terowong

otobüs durağı

hentian bas

bar

bar

restoran

restoran

posta kutusu

peti surat

sokak tabelası

papan tanda jalan

otopark sayacı

meter parkir

hayvanat bahçesi

zoo

yüzme havuzu

kolam renang

cami

masjid

şehir - bandar

çiftlik	kirlilik	mezarlık
ladang	pencemaran	tanah perkuburan

kilise	oyun alanı	tapınak
gereja	taman permainan	kuil

arazi
landskap

yaprak
daun

yön tabelası
tiang tanda

yol
jalan

çayır
padang rumput

taş
batu

ağaç
pokok

yürüyüşçü
pejalan kaki

ırmak
sungai

çimen
rumput

çiçek
bunga

vadi
lembah

tepe
bukit

göl
tasik

orman
hutan

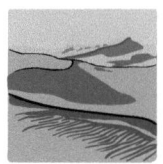

çöl
padang pasir

volkan
gunung berapi

kale
istana

gökkuşağı
pelangi

mantar
cendawan

palmiye
pokok kelapa sawit

sivrisinek
nyamuk

sinek
terbang

karınca
semut

arı
lebah

örümcek
labah-labah

böcek
kumbang

kurbağa
katak

sincap
tupai

kirpi
landak

yabani tavşan
arnab

baykuş
burung hantu

kuş
burung

kuğu
angsa

yaban domuzu
babi jantan

geyik
rusa

geyik
moose

baraj
empangan

rüzgar türbini
turbin angin

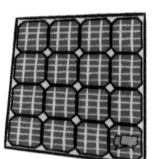

güneş paneli
panel solar

iklim
iklim

restoran
restoran

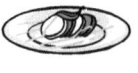

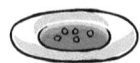

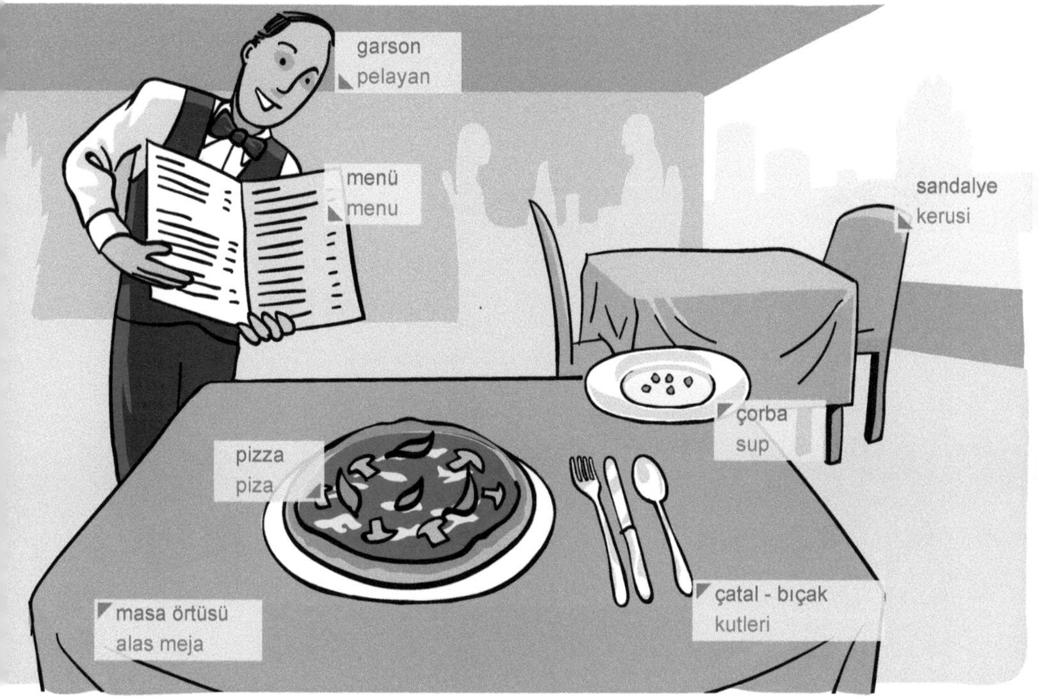
garson
pelayan
menü
menu
sandalye
kerusi
çorba
sup
pizza
piza
çatal - bıçak
kutleri
masa örtüsü
alas meja

başlangıç

pemula

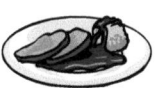

ana yemek

hidangan utama

tatlı

pencuci mulut

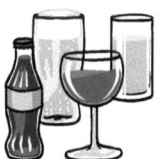

içecekler

minuman

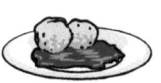

yemek

makanan

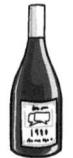

şişe

botol

fastfood

makanan segera

sokak yemeği

makanan jalanan

çaydanlık

teko

şekerlik

mangkuk gula

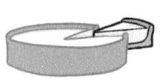

porsiyon

bahagian

espresso makinesi

mesin espreso

mama sandalyesi

kerusi tinggi

fatura

bil

tepsi

dulang

bıçak

pisau

çatal

garfu

kaşık

sudu

çay kaşığı

sudu teh

servis peçetesi

serviette

bardak

gelas

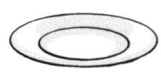

tabak

pinggan

çorba kasesi

mangkuk sup

fincan altlığı

piring

sos

sos

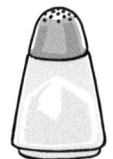

tuzluk

tempat garam

karabiber değirmeni

pengisar lada

sirke

cuka

yağ

minyak

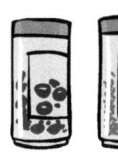

baharat

rempah

ketçap

sos

hardal

mustard

mayonez

mayones

süpermarket

pasar raya

özel teklif
tawaran istimewa
FOR
müşteri
pelanggan
süt ürünleri
tenusu
meyve
buah-buahan
alışveriş arabası
troli

BUTCHERS

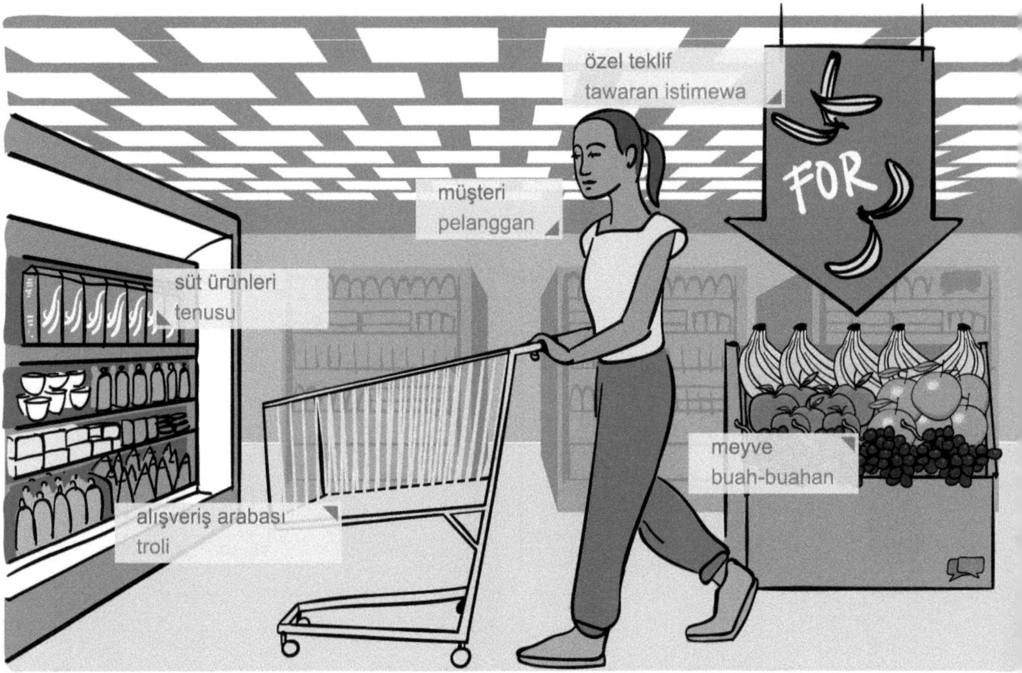

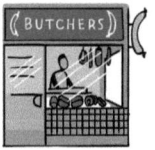

kasap

tukang daging

BAKERY

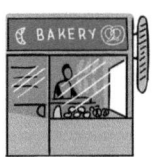

fırın

kedai roti

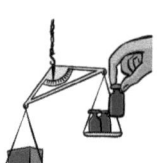

tartmak

berat

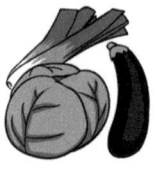

sebze

sayur-sayuran

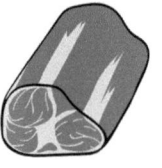

et

daging

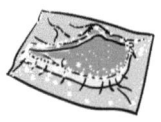

donmuş gıda

makanan sejuk beku

söğüş et

daging sejuk

konserve yiyecek

makanan dalam tin

toz deterjan

serbuk pencuci

şekerlemeler

gula-gula

ev temizlik ürünleri

produk isi rumah

temizlik ürünleri

produk pembersihan

satış görevlisi

orang jualan

yazar kasa

daftar tunai

kasiyer

juruwang

alışveriş listesi

senarai membeli-belah

açılış saatleri

waktu pembukaan

cüzdan

beg duit

kredi kartı

kad kredit

çanta

beg

plastik poşet

beg plastik

su
air

meyve suyu
jus

süt
susu

kola
kola

şarap
wain

bira
bir

alkol
alkohol

kakao
koko

çay
the

kahve
kopi

espresso
espreso

kapuçino
kapucino

muz

pisang

elma

epal

portakal

oren

kavun

tembikai

limon

lemon

havuç

lobak merah

sarımsak

bawang putih

bambu

buluh

soğan

bawang

mantar

cendawan

çerez

kacang

makarna

mi

spagetti

spageti

pirinç

nasi

salata

salad

cips

kerepek

patates kızartması

kentang goreng

pizza

piza

hamburger

hamburger

sandviç

sandwic

şinitzel

kutlet

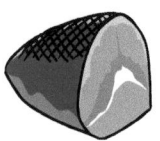

pastırma

ham

salam

salami

sosis

sosej

tavuk

ayam

rosto

panggang

balık

ikan

yemek - makanan

yulaf ezmesi

bubur oat

müsli

muesli

mısır gevreği

emping jagung

un

tepung

kruvasan

kroisan

küçük ekmek

roti roll

ekmek

roti

tost

roti bakar

bisküvi

biskut

tereyağı

mentega

kaymak

dadih

kek

kek

yumurta

telur

sahanda yumurta

telur goreng

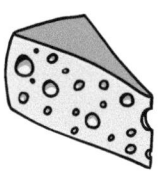

peynir

keju

dondurma

ais krim

şeker

gula

bal

madu

reçel

jem

fındık ezmesi

krim nougat

köri

kari

yemek - makanan

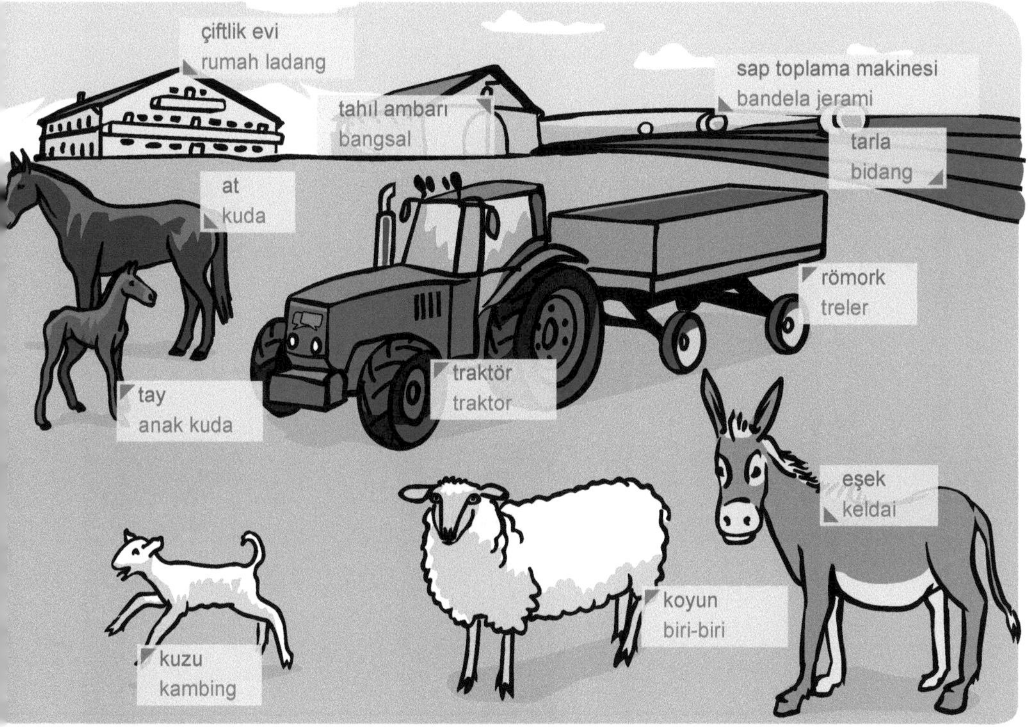

çiftlik evi
rumah ladang

tahıl ambarı
bangsal

sap toplama makinesi
bandela jerami

tarla
bidang

at
kuda

römork
treler

tay
anak kuda

traktör
traktor

eşek
keldai

kuzu
kambing

koyun
biri-biri

keçi
kambing

inek
lembu

buzağı
anak lembu

domuz
babi

domuz yavrusu
anak babi

boğa
lembu

kaz

angsa

ördek

itik

civciv

anak ayam

tavuk

ayam betina

horoz

ayam jantan muda

sıçan

tikus

kedi

kucing

fare

tikus

öküz

lembu jantan

köpek

anjing

köpek kulübesi

rumah anjing

bahçe hortumu

hos taman

sulama kabı

bekas siraman

tırpan

sabit

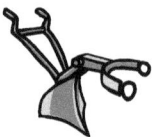

pulluk

bajak

orak

sabit

çapa

cangkul

dirgen

serampang peladang

balta

kapak

el arabası

kereta sorong

yemlik

palung

süt kovası

tin susu

çuval

karung

çit

pagar

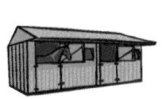

ahır

stabil

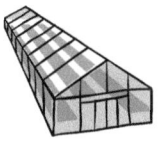

sera

rumah hijau

toprak

tanah

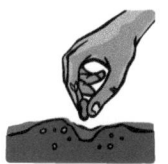

tohum

benih

gübre

baja

biçerdöver

jentuai

hasat etmek

tuai

harman

menuai

tatlı patates

keladi

buğday

gandum

soya

soya

patates

kentang

mısır

jagung

kolza

biji sawi

meyve ağacı

pokok buah-buahan

manyok

ubi kayu

hububat

bijirin

ev
rumah

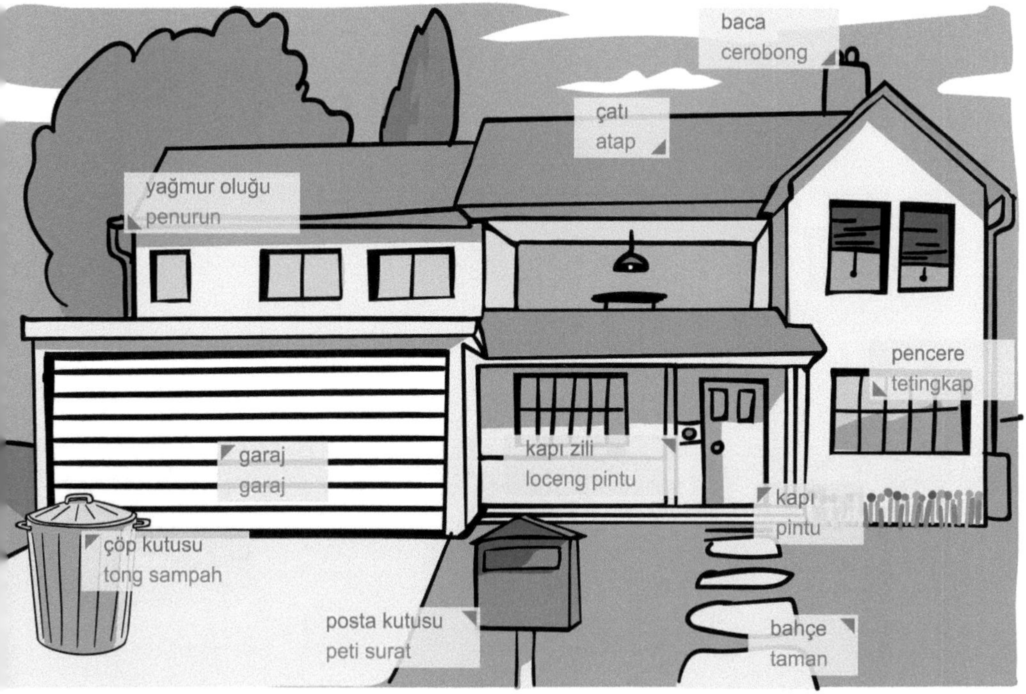

baca
cerobong
çatı
atap
yağmur oluğu
penurun
pencere
tetingkap
garaj
garaj
kapı zili
loceng pintu
kapı
pintu
çöp kutusu
tong sampah
posta kutusu
peti surat
bahçe
taman

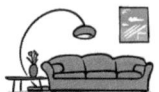

oturma odası

ruang tamu

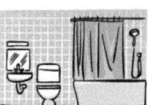

banyo

bilik air

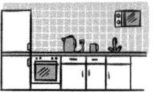

mutfak

dapur

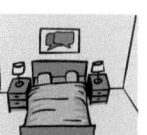

yatak odası

bilik tidur

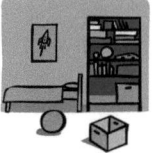

çocuk odası

bilik kanak-kanak

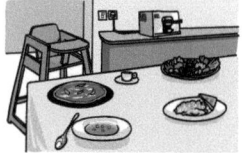

yemek odası

ruang makan

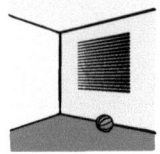

zemin

lantai

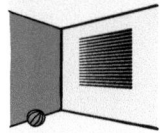

duvar

dinding

tavan

siling

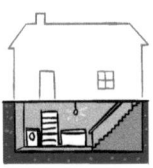

kiler

bilik bawah tanah

sauna

sauna

balkon

balkoni

teras

teres

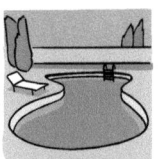

havuz

kolam renang

çim biçme makinesi

pemotong rumput

çarşaf

lembaran

yatak örtüsü

penutup tilam

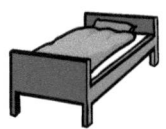

yatak

katil

süpürge

penyapu

kova

timba

anahtar

suis

oturma odası
ruang tamu

duvar kağıdı
kertas dinding
resim
gambar
lamba
lampu
raf
rak
dolap
kabinet
televizyon
televisyen
şömine
pendiangan
çiçek
bunga
minder
kusyen
kanepe
sofa
vazo
pasu
uzaktan kumanda
alat kawalan jauh

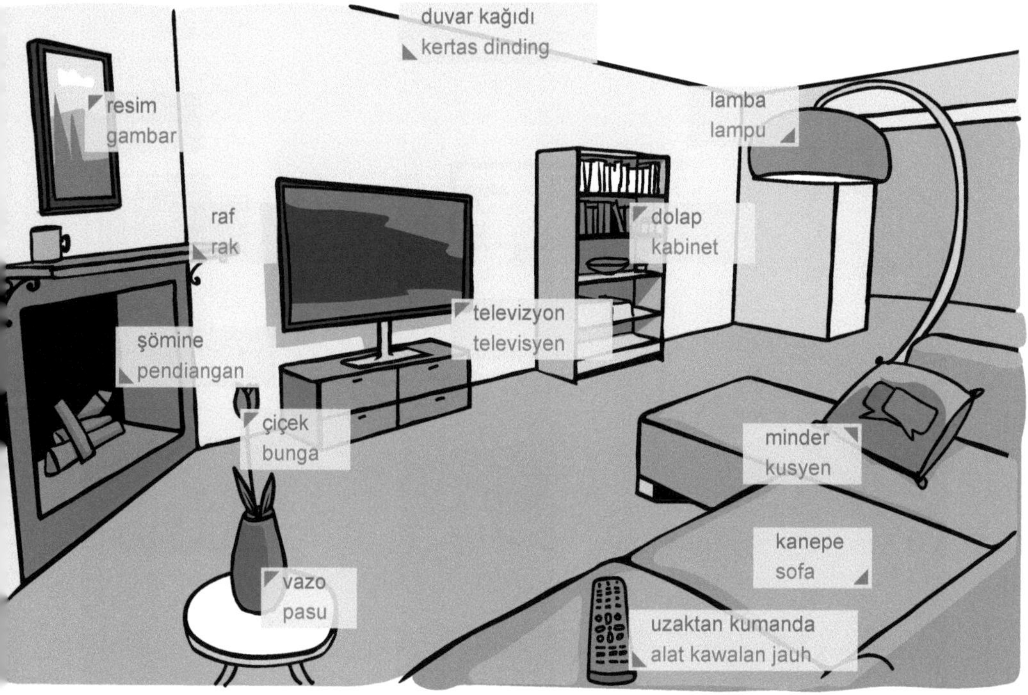

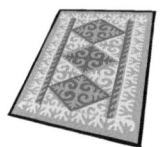

halı
permaidani

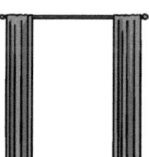

perde
tirai

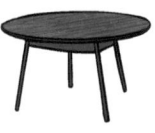

masa
meja

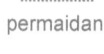

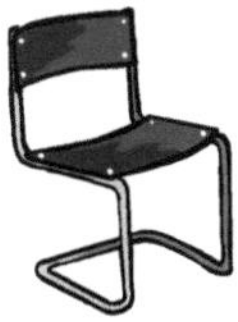

sandalye
kerusi

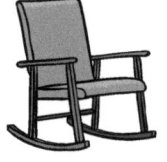

salıncaklı koltuk
kerusi malas

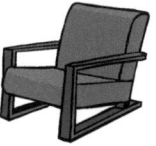

koltuk
kerusi

kitap

buku

battaniye

selimut

dekor

hiasan

odun

kayu api

film

filem

hi-fi

hi-fi

anahtar

kunci

gazete

akhbar

tablo

lukisan

poster

poster

radyo

radio

defter

buku catatan

elektrikli süpürge

penyedut habuk

kaktüs

kaktus

mum

lilin

mutfak
dapur

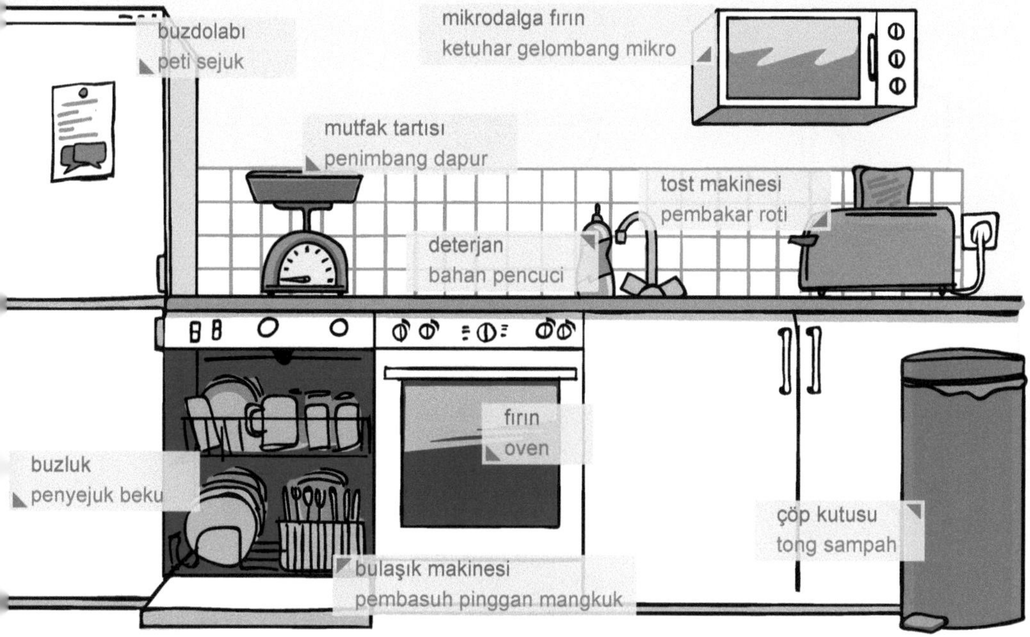
buzdolabı
peti sejuk
mikrodalga fırın
ketuhar gelombang mikro
mutfak tartısı
penimbang dapur
tost makinesi
pembakar roti
deterjan
bahan pencuci
fırın
oven
buzluk
penyejuk beku
çöp kutusu
tong sampah
bulaşık makinesi
pembasuh pinggan mangkuk

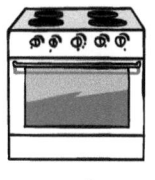

ocak

periuk dapur

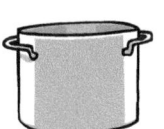

tencere

periuk

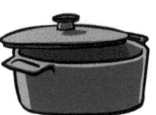

döküm tencere

periuk besi

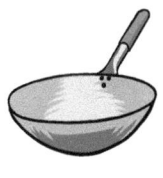

wok

kuali

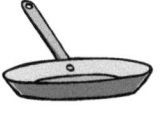

tava

pan

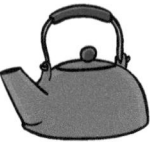

su ısıtıcı

cerek

buharlı pişirici
pengukus

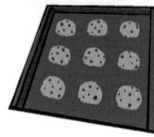

pişirme tepsisi
dulang pembakar

tabak takımı
pinggan mangkuk

kupa
koleh

kase
mangkuk

çubuk (çin yemeği)
penyepit

kepçe
senduk

spatula
spatula

çırpma teli
pengadun

süzgeç
penapis

elek
ayak

rende
pemarut

havan
mortar

barbekü
barbeku

açık ateş
pembakaran terbuka

kesme tahtası

papan pencincang

merdane

pin golekan

tirbüşon

skru gabus

konserve kutusu

tin

konserve açacağı

pembuka tin

fırın eldiveni

pemegang periuk

evye

sinki

fırça

berus

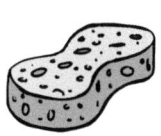

sünger

span

blender

pengisar

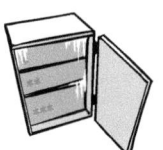

derin dondurucu

penyejuk beku

biberon

botol bayi

musluk

paip

banyo
bilik air

ısıtma
pemanasan
havlu
tuala
duş
mandi
duş perdesi
tirai mandi
köpük banyosu
mandi buih
küvet
tab mandi
bardak
gelas
çamaşır makinesi
mesin basuh
musluk
paip
fayans
jubin
lazımlık
tandas
evye
sinki

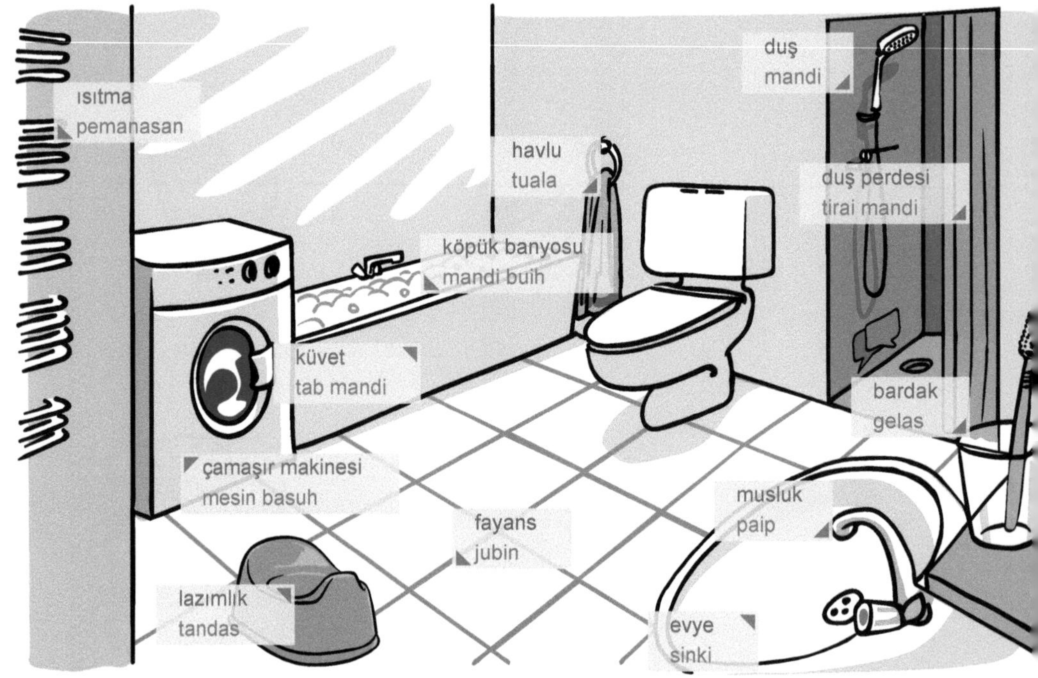

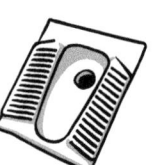

tuvalet
tandas

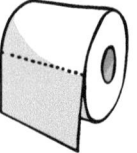

alaturka tuvalet
tandas mencangkung

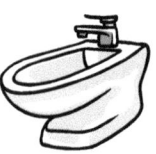

bide
mangkuk tandas

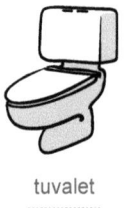

pisuvar
tandas awam

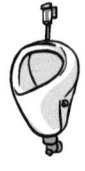

tuvalet kağıdı
kertas tandas

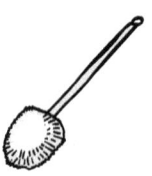

tuvalet fırçası
berus tandas

diş fırçası

berus gigi

diş macunu

ubat gigi

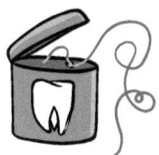

diş ipi

flos gigi

yıkamak

cuci

duş başlığı

mandian tangan

duş başlığı şeklinde taharet musluğu

pancuran

küvet

besen

banyo fırçası

belakang berus

sabun

sabun

duş jeli

gel mandian

şampuan

syampu

banyo lifi

flanel

gider

longkang

krem

krim

deodorant

deodoran

ayna

cermin

el aynası

cermin tangan

jilet

pisau cukur

tıraş köpüğü

busa cukur

tıraş losyonu

selepas cukur

tarak

sikat

fırça

berus

saç kurutma makinesi

pengering rambut

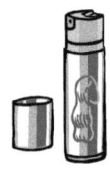

saç spreyi

semburan rambut

makyaj

mekap

ruj

gincu

tırnak cilası

varnis kuku

pamuk

bulu kapas

tırnak makası

gunting kuku

parfüm

pewangi

makyaj çantası

beg basuhan

tabure

bangku

tartı

skala berat

bornoz

jubah mandi

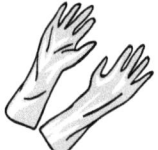

lastik eldiven

sarung tangan getah

tampon

kapas

kadın pedi

tuala wanita

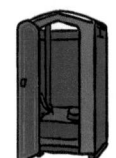

kimyevi tuvalet

tandas kimia

çocuk odası
bilik kanak-kanak

çalar saat
jam loceng
peluş oyuncak
mainan kegemaran
oyuncak araba
kereta mainan
çıngırak
kerincing bayi
bebek evi
rumah anak patung
hediye
hadiah

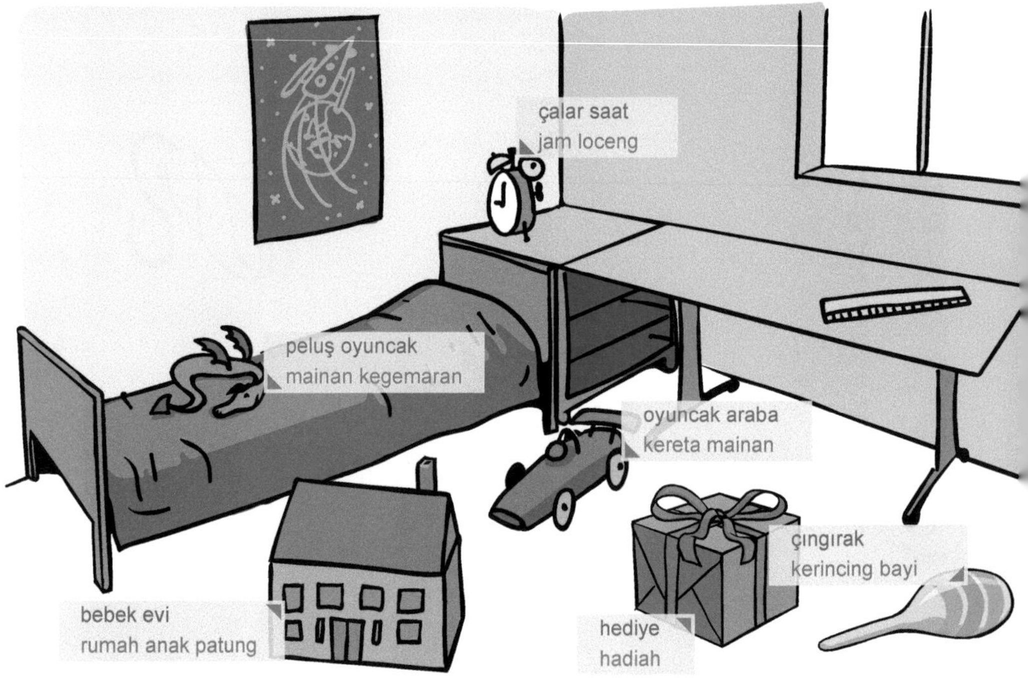

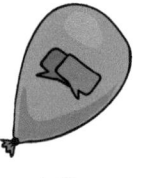

balon
belon

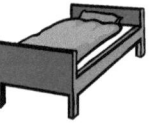

yatak
katil

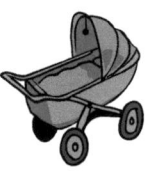

bebek arabası
kereta sorong bayi

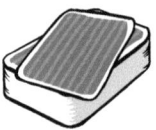

kart destesi
set kad

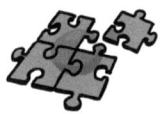

yapboz
susun suai gambar

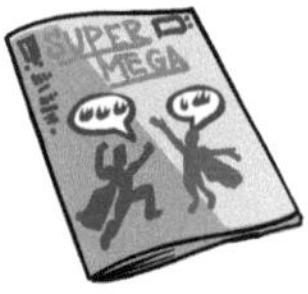

çizgi roman
komik

lego tuğlaları

batu bata lego

lego blokları

blok mainan

aksiyon figürü

figura aksi

zıbın

baju bayi

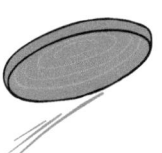

frizbi

frisbee

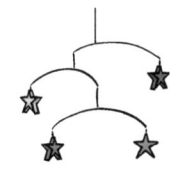

dönence

mainan bayi mudah alih

masa oyunu

permainan papan

zar

dadu

model tren seti

set model kereta api

emzik

palsu

parti

parti

resimli kitap

buku bergambar

top

bola

oyuncak bebek

anak patung

oynamak

main

kum havuzu

lubang pasir

salıncak

buai

oyuncaklar

mainan

video oyun konsolu

konsol permainan video

üç tekerlekli bisiklet

basikal roda tiga

oyuncak ayı

anak patung beruang

gardırop

almari pakaian

kıyafet

pakaian

çorap

stoking

külotlu çorap

stoking

tayt

ketat

eşarp
skarf

şemsiye
payung

tişört
kemeja-t

keselamatan

bot
but

terlik
selipar

spor ayakkabı
kasut sukan

sandalet	ayakkabı	lastik çizme
sandal	kasut	but getah

külot	sütyen	yelek
seluar dalam	coli	ves

dar bluz

badan

pantolon

Seluar panjang

kot pantolon

jean

etek

skirt

bluz

blaus

gömlek

kemeja

kazak

baju panas sarung

süveter

sweater

blazer

blazer

ceket

jaket

mont

kot

yağmurluk

baju hujan

kostüm

kostum

elbise

pakaian

gelinlik

baju pengantin

kıyafet - pakaian

takım elbise
sut

gecelik
baju tidur

pijama
baju tidur

sari
sari

baş örtüsü
skarf kepala

türban
serban

burka
burqa

kaftan
kaftan

çarşaf
abaya/jubah

mayo
baju renang

erkek mayosu
seluar renang

şort
seluar pendek

eşofman
sut balapan

önlük
apron

eldiven
sarung tangan

düğme
butang

gözlük
cermin mata

bilezik
gelang tangan

kolye
rantai leher

yüzük
cincin

küpe
subang

kep
topi

portmanto
penyangkut kot

şapka
topi

kravat
tali leher

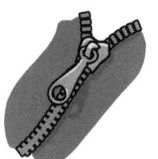

fermuar
zip

kask
topi keledar

pantolon askısı
pendakap

okul forması
uniform sekolah

üniforma
seragam

mama önlüğü

lapik dada

emzik

palsu

bebek bezi

lampin

ofis

pejabat

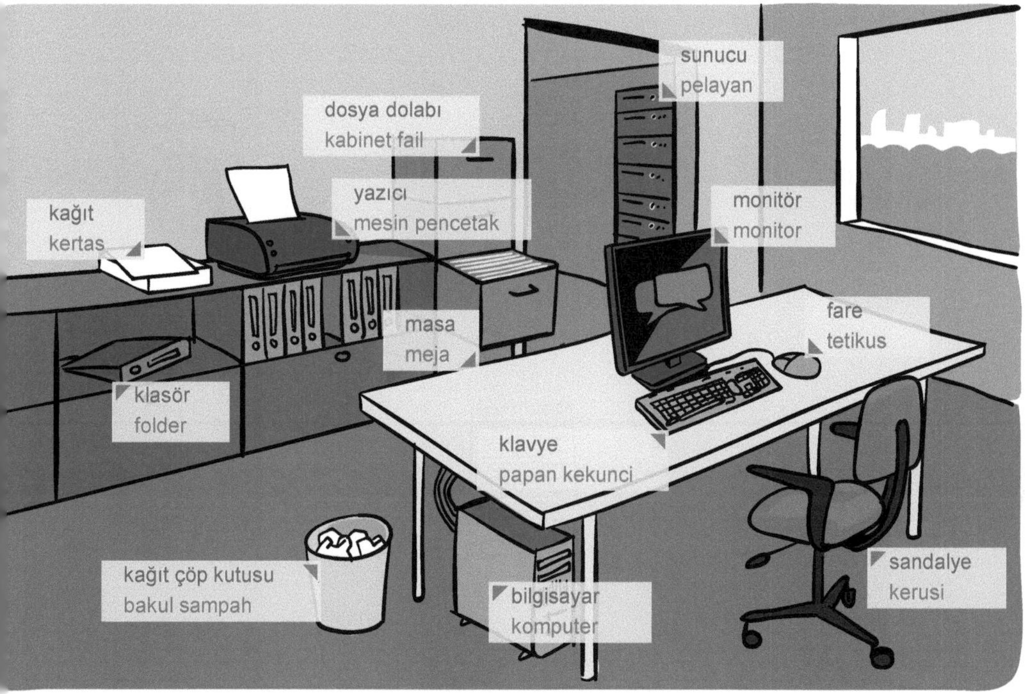

sunucu
pelayan

dosya dolabı
kabinet fail

kağıt
kertas

yazıcı
mesin pencetak

monitör
monitor

masa
meja

fare
tetikus

klasör
folder

klavye
papan kekunci

kağıt çöp kutusu
bakul sampah

bilgisayar
komputer

sandalye
kerusi

kahve fincanı

cawan kopi

hesap makinesi

kalkulator

internet

internet

dizüstü

komputer riba

mektup

surat

mesaj

mesej

cep telefonu

mudah alih

ağ

rangkaian

fotokopi makinesi

mesin fotokopi

yazılım

perisian

telefon

telefon

priz

soket plag

faks makinesi

mesin faks

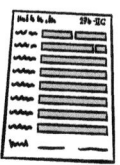

form

bentuk

belge

dokumen

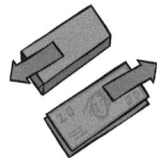

satın almak
beli

ödemek
bayar

ticaret yapmak
berdagang

para
wang

dolar
dolar

avro
euro

yen
yen

ruble
rubel

İsviçre frangı
franc swiss

Çin yuanı
renminbi yuan

rupi
rupee

kasa
mata tunai

döviz bürosu

pejabat tukaran mata wang

altın

emas

gümüş

perak

petrol

minyak

enerji

tenaga

fiyat

harga

kontrat

kontrak

vergi

cukai

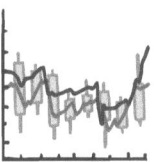

menkul değer

stok

çalışmak

kerja

işveren

pekerja

işçi

majikan

fabrika

kilang

mağaza

kedai

ekonomi - ekonomi

meslekler
pekerjaan

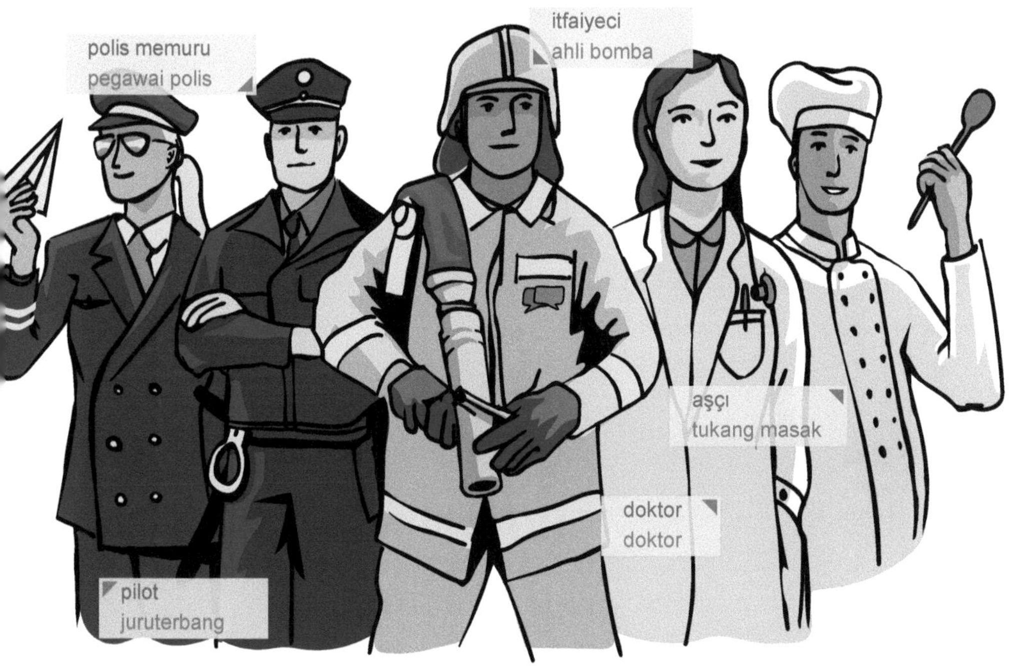

polis memuru
pegawai polis
itfaiyeci
ahli bomba
aşçı
tukang masak
doktor
doktor
pilot
juruterbang

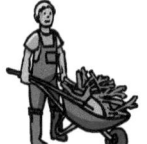

bahçıvan
tukang kebun

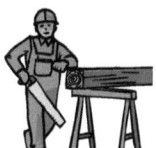

marangoz
tukang kayu

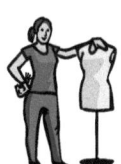

terzi
tukang jahit

hakim
hakim

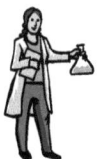

kimyager
ahli kimia

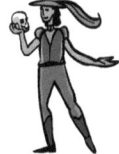

aktör
pelakon

otobüs şoförü

pemandu bas

taksi şoförü

pemandu teksi

balıkçı

nelayan

temizlikçi

wanita pencuci

çatı ustası

kasau

garson

pelayan

avcı

pemburu

boyacı

pelukis

fırıncı

bakeri

elektrikçi

juruelektrik

inşaatçı

pembangun

mühendis

jurutera

kasap

penjual daging

muslukçu

tukang paip

postacı

posmen

asker

askar

mimar

arkitek

kasiyer

juruwang

çiçekçi

kedai bunga

kuaför

pendandan rambut

kondüktör

konduktor

tamirci

mekanik

kaptan

kapten

dişçi

doktor gigi

bilim insanı

ahli sains

haham

tuhanku

imam

imam

keşiş

sami

rahip

paderi

aletler

alat

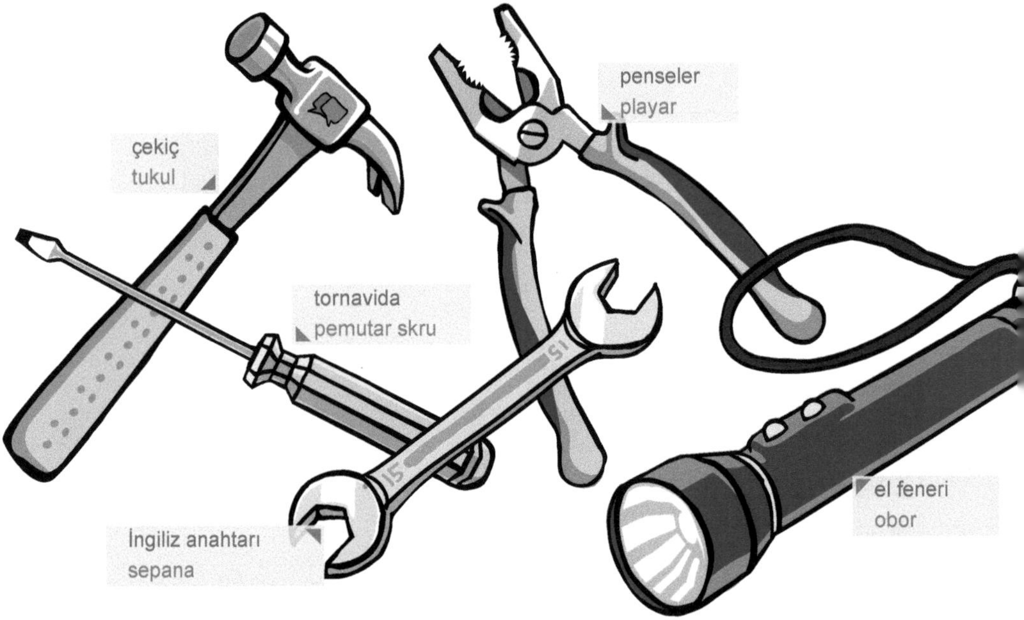
çekiç
tukul
penseler
playar
tornavida
pemutar skru
İngiliz anahtarı
sepana
el feneri
obor

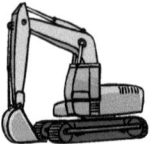

kazı makinesi

pengorek

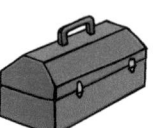

alet çantası

kotak peralatan

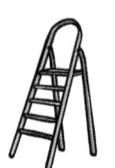

merdiven

tangga

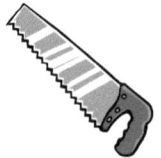

testere

gergaji

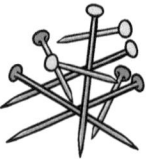

çiviler

kuku

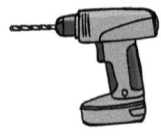

matkap

gerudi

tamir etmek

baiki

kürek

penyodok

Kahretsin!

Celaka!

faraş

penadah sampah

boya tenekesi

periuk cat

vidalar

skru

müzik enstrümanı
alat muzik

bateri seti
perangkat dram

hoparlör
pembesar suara

gitar
gitar

kontrbas
bass berganda

trompet
trompet

piyano

piano

keman

biola

basgitar

bass

timpani

timpani

bateri

dram

klavye

papan kekunci

saksafon

saksofon

flüt

seruling

mikrofon

mikrofon

müzik enstrümanı - alat muzik

hayvanat bahçesi

zoo

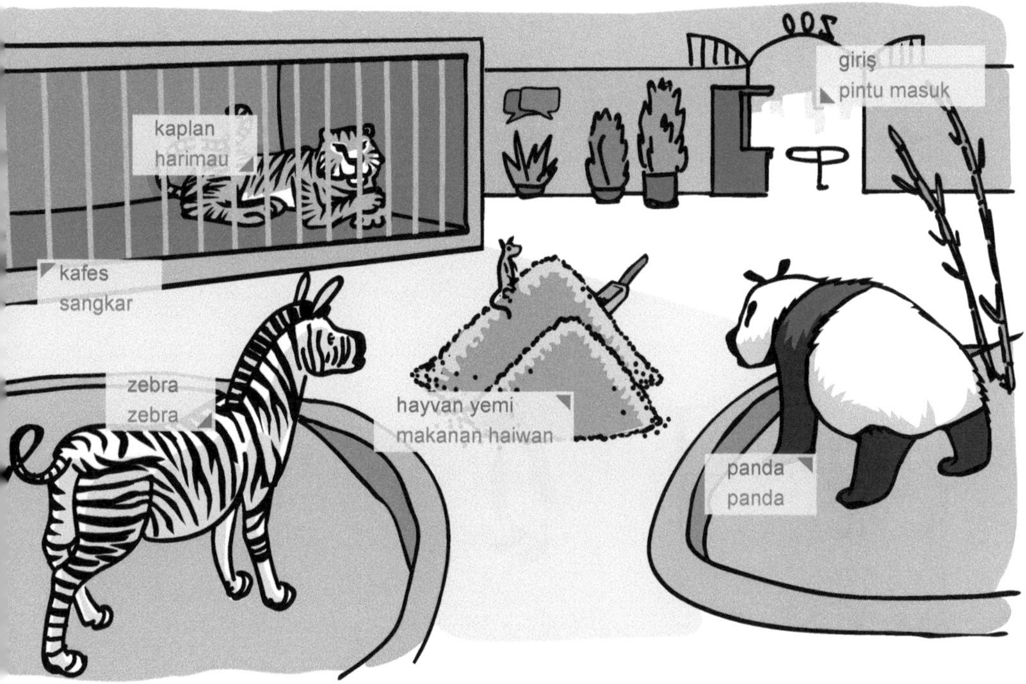
zoo
giriş
pintu masuk
kaplan
harimau
kafes
sangkar
zebra
zebra
hayvan yemi
makanan haiwan
panda
panda

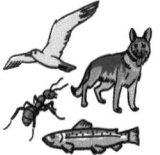

hayvanlar

haiwan

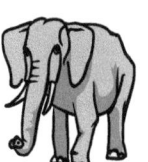

fil

gajah

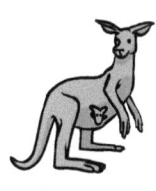

kanguru

kanggaru

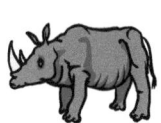

gergedan

badak sumbu

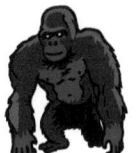

goril

gorila

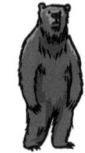

ayı

beruang

deve

unta

deve kuşu

burung unta

aslan

singa

maymun

monyet

flamingo

flamingo

papağan

nuri

kutup ayısı

beruang kutub

penguen

penguin

köpek balığı

yu

tavus kuşu

merak

yılan

ular

timsah

buaya

hayvanat bahçesi görevlisi

penjaga zoo

fok

anjing laut

jaguar

jaguar

midilli atı

kuda

leopar

harimau

su aygırı

badak air

zürafa

zirafah

kartal

helang

yaban domuzu

babi jantan

balık

ikan

kaplumbağa

penyu

mors

anjing laut

tilki

musang

ceylan

rusa

amerikan futbolu
bola sepak Amerika

bisiklete binme
berbasikal

tenis
tenis

basketbol
bola keranjang

yüzme
renang

boks
tinju

buz hokeyi
hoki ais

futbol
bola sepak

badminton
badminton

atletizm
olahraga

hentbol
bola baling

kayak
ski

polo
polo

atlamak
lompat

gülmek
ketawa

sarılmak
peluk

yürümek
berjalan

söylemek
menyanyi

hayal etmek
mimpi

dua etmek
berdoa

öpmek
cium

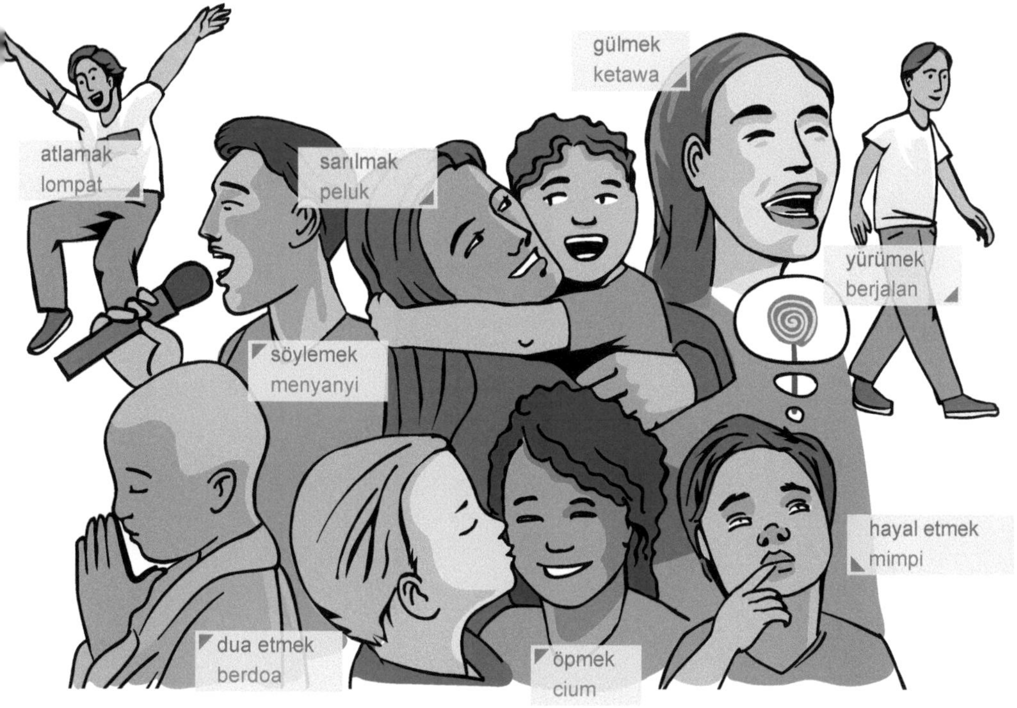

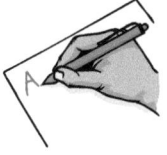

yazmak
tulis

çizmek
lukis

göstermek
tunjuk

itmek
tolak

vermek
beri

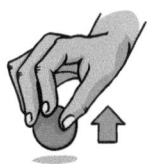

almak
ambil

sahip olmak

ada

yapmak

buat

olmak

ialah

ayakta durmak

berdiri

koşmak

lari

çekmek

tarik

atmak

buang

düşmek

jatuh

yalan söylemek

tipu

beklemek

tunggu

taşımak

bawa

oturmak

duduk

giyinmek

pakai

uyumak

tidur

uyanmak

bangkit

bakmak
lihat pada

ağlamak
menangis

vurmak
strok

taramak
sikat

konuşmak
cakap

anlamak
faham

sormak
tanya

dinlemek
dengar

içmek
minum

yemek
makan

düzenlemek
mengemas

sevmek
sayang

pişirmek
masak

sürmek
pandu

uçmak
terbang

denize açılmak
belayar

hesapla
kira

okumak
baca

öğrenmek
belajar

çalışmak
kerja

evlenmek
nikah

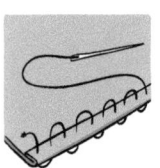

dikmek
jahit

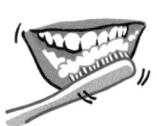

diş fırçalamak
memberus gigi

öldürmek
bunuh

sigara içmek
asap

yollamak
hantar

büyükanne
nenek

büyükbaba
datuk

baba
bapa

anne
ibu

bebek
bayi

kız
anak perempuan

oğul
anak lelaki

misafir

tetamu

teyze

mak cik

amca

pak cik

erkek kardeş

abang

kız kardeş

kakak

vücut

badan

alın
dahi
göz
mata
yüz
muka
çene
dagu
göğüs
dada
parmak
jari
el
tangan
kol
lengan
omuz
bahu
bacak
kaki

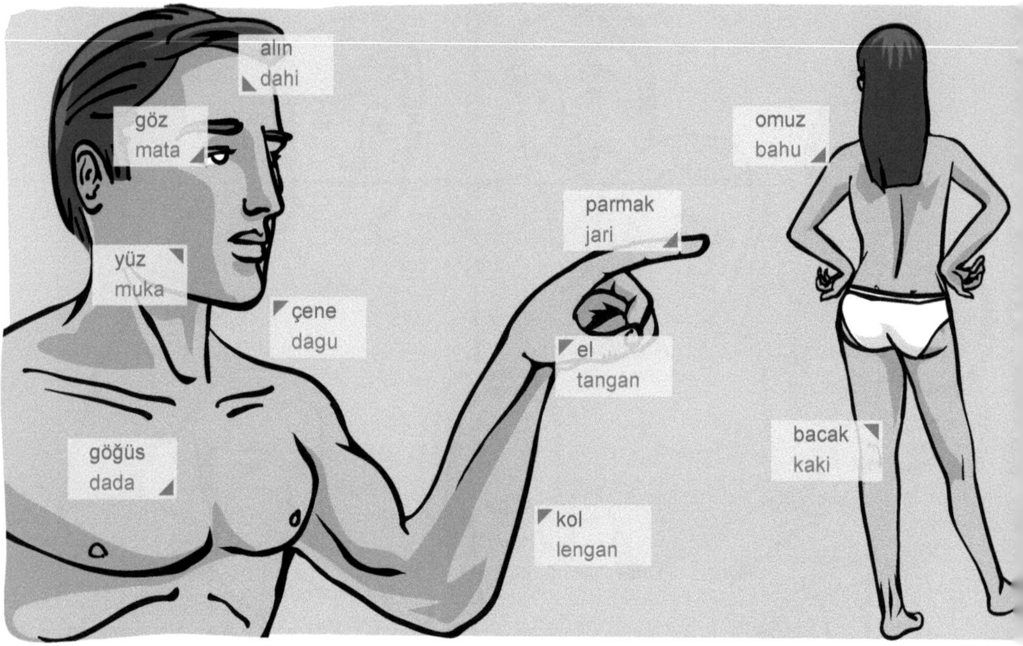

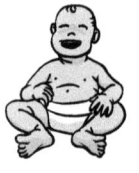

bebek

bayi

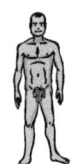

adam

lelaki

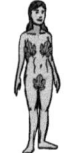

kadın

wanita

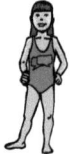

kız

perempuan

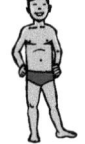

erkek çocuk

lelaki

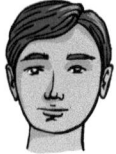

baş

kepala

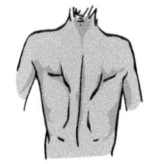

sırt

belakang

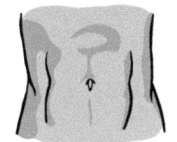

karın

bawah perut

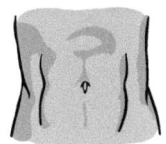

göbek

pusat

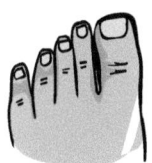

ayak parmağı

jari kaki

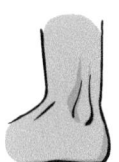

topuk

tumit

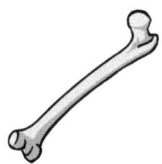

kemik

tulang

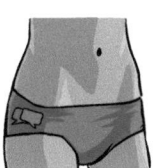

kalça

pinggul

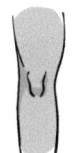

diz

lutut

dirsek

siku

burun

hidung

kalça

bawah

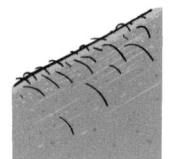

deri

kulit

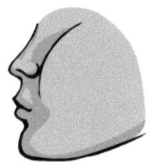

yanak

pipi

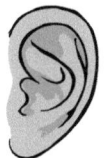

kulak

telinga

dudak

bibir

ağız
mulut

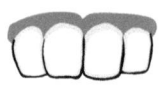

diş
gigi

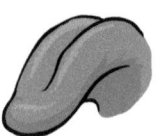

dil
lidah

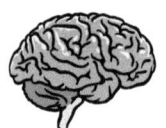

beyin
otak

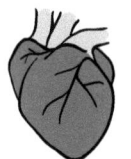

kalp
hati

kas
otot

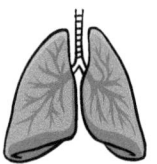

akciğer
paru-paru

karaciğer
hati

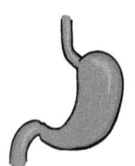

mide
perut

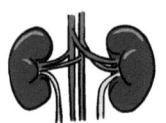

böbrekler
buah pinggang

seks
seks

prezervatif
kondom

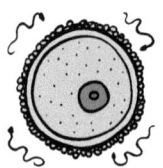

yumurtalık
faraj

sperm
mani

hamilelik
mengandung

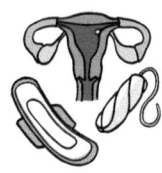

regl

haid

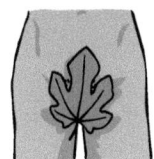

vajina

faraj

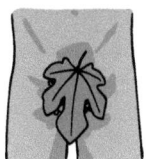

penis

penis

kaş

kening

saç

rambut

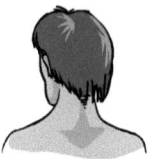

boyun

leher

hastane
hospital

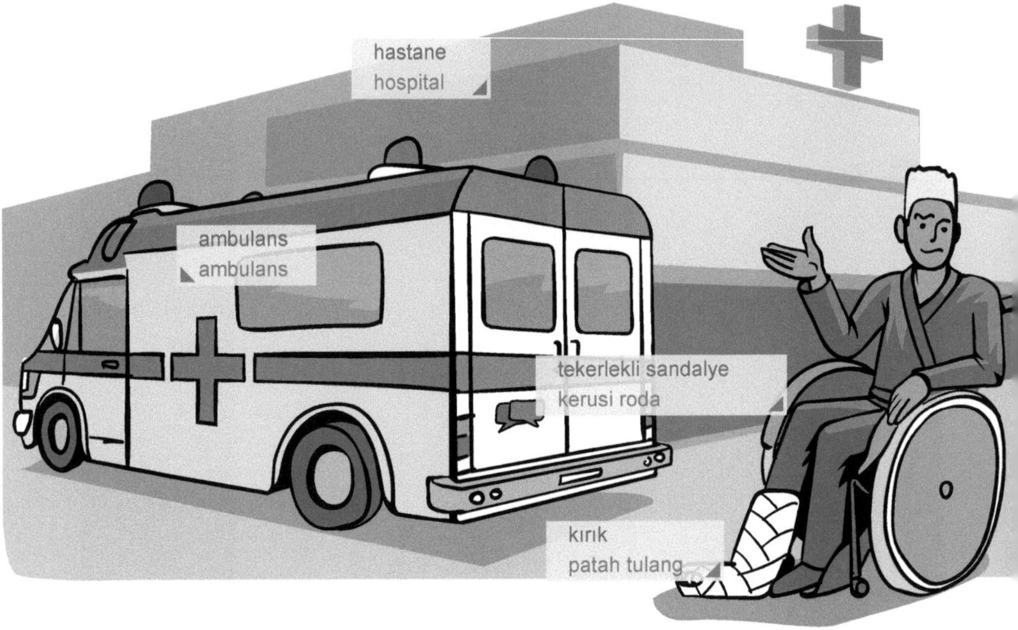

hastane
hospital
ambulans
ambulans
tekerlekli sandalye
kerusi roda
kırık
patah tulang

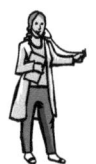

doktor

doktor

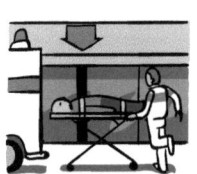

acil servis

bilik kecemasan

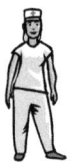

hemşire

jururawat

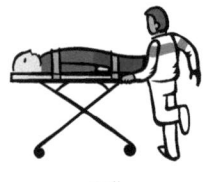

acil

kecemasan

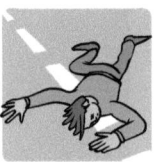

baygın

tak sedar

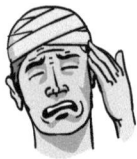

acı

sakit

yaralanma

kecederaan

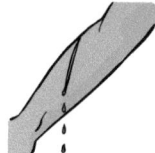

kanama

pendarahan

kalp krizi

serangan jantung

felç

strok

alerji

alergi

öksürük

batuk

ateş

demam

grip

selesema

ishal

cirit-birit

baş ağrısı

sakit kepala

kanser

kanser

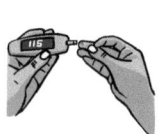

şeker hastalığı

diabetes

cerrah

pakar bedah

neşter

pisau bedah

operasyon

pembedahan

bilgisayarlı tomografi

CT

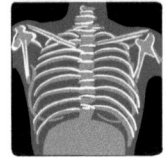

röntgen

x-ray

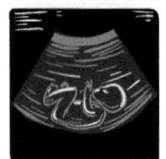

ultrason

ultrabunyi

yüz maskesi

topeng muka

hastalık

penyakit

bekleme odası

bilik menunggu

koltuk değneği

penongkat

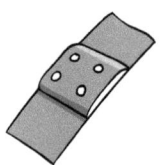

yara bandı

plaster

bandaj

pembalut

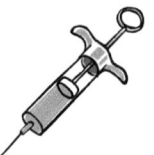

enjeksiyon

suntikan

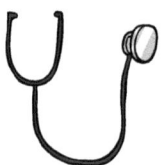

steteskop

stetoskop

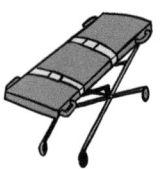

sedye

pengusung

tıbbi termometre

termometer klinik

doğum

kelahiran

fazla kilo

berat badan berlebihan

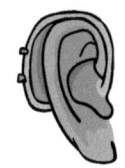

işitme cihazı

alat pendengaran

dezenfektan

disinfektan

enfeksiyon

jangkitan

virüs

virus

HIV / AIDS

HIV / AIDS

ilaç

perubatan

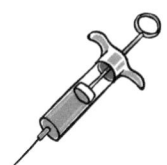

aşı

vaksinasi

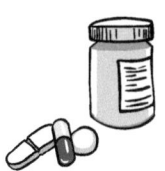

tablet

tablet

hap

pil

acil çağrı

panggilan kecemasan

tansiyon aleti

pantau tekanan darah

hasta / sağlıklı

sakit / sihat

İmdat! Tolong!	alarm penggera	darp serang
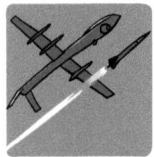		
saldırı serangan	tehlike bahaya	acil çıkış pintu kecemasan

Yangın! Api!	yangın tüpü alat pemadam api	kaza kemalangan
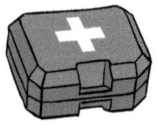		
ilk yardım çantası alat pertolongan cemas	imdat SOS	polis polis

Avrupa

Eropah

Kuzey Amerika

Amerika Utara

Güney amerika

Amerika Selatan

Afrika

Afrika

Asya

Asia

Avustralya

Australia

Atlantik

Atlantic

Pasifik

Pasifik

Hint Okyanusu

Lautan Hindi

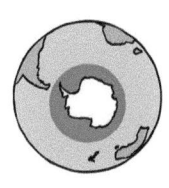

Antarktika Okyanusu

Lautan Antartik

Arktik Okyanusu

Lautan Artik

Kuzey Kutbu

Kutub utara

Güney Kutbu

Kutub Selatan

Antarktika

Antartika

dünya

bumi

kara

tanah

deniz

laut

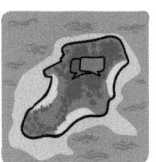

ada

pulau

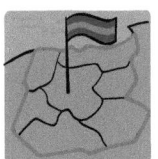

ulus

negara

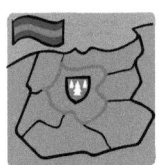

ülke

negeri

dünya - bumi

kadran

muka jam

akrep

tangan jam

yelkovan

tangan minit

saniye ibresi

terpakai

Saat kaç?

Jam berapa sekarang

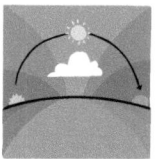

gün

hari

zaman

masa

şimdi

sekarang

dijital saat

jam digital

dakika

minit

saat

jam

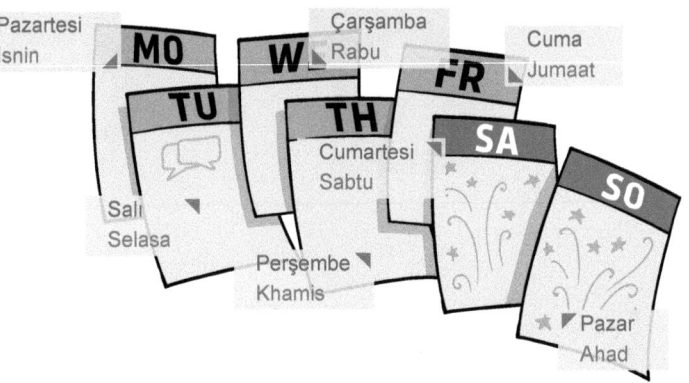

Pazartesi / Isnin — MO
Çarşamba / Rabu — W
Cuma / Jumaat — FR
Salı / Selasa — TU
Cumartesi / Sabtu — TH / SA
Perşembe / Khamis
Pazar / Ahad — SO

dün
semalam

bugün
hari ini

yarın
esok

sabah
pagi

öğle
tengah hari

akşam
petang

MO	TU	WE	TH	FR	SA	SU
1	2	3	4	5	6	7
8	9	10	11	12	13	14
15	16	17	18	19	20	21
22	23	24	25	26	27	28
29	30	31	1	2	3	4

iş günleri
hari kerja

MO	TU	WE	TH	FR	SA	SU
1	2	3	4	5	6	7
8	9	10	11	12	13	14
15	16	17	18	19	20	21
22	23	24	25	26	27	28
29	30	31	1	2	3	4

hafta sonu
hari minggu

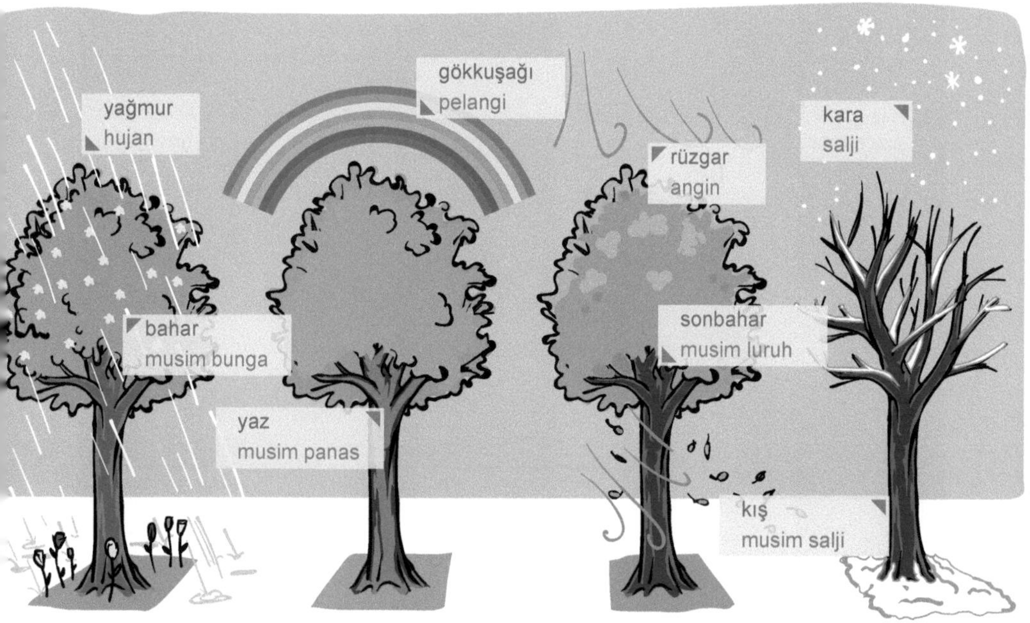

yağmur
hujan
gökkuşağı
pelangi
rüzgar
angin
kara
salji
bahar
musim bunga
yaz
musim panas
sonbahar
musim luruh
kış
musim salji

4.APRIL 11°
5.APRIL 4°
6.APRIL 13°
7.APRIL 8°
8.APRIL 10°

hava durumu tahmini

ramalan cuaca

F C
120 40
90 30
60 20
30 10
0 0
-30 -10
-20

termometre

termometer

güneş ışığı

sinar matahari

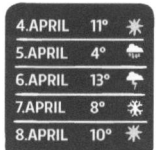

bulut

awan

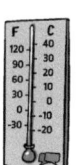

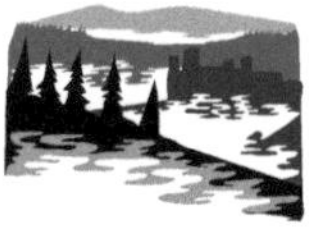

sis

kabus

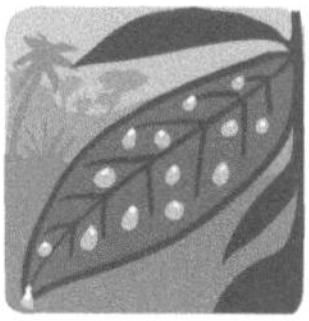

nem

lembapan

şimşek
kilat

gök gürültüsü
petir

fırtına
ribut

dolu
hujan batu

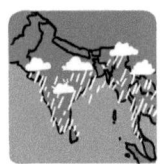

muson
monsun

sel
banjir

buz
ais

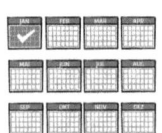

Ocak
Januari

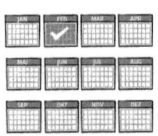

Şubat
Februari

Mart
Mac

Nisan
April

Mayıs
Mei

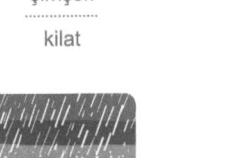

Haziran
Jun

Temmuz
Julai

Ağustos
Ogos

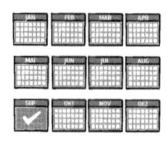

Eylül
....
September

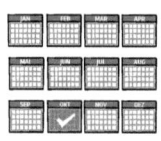

Ekim
....
Oktober

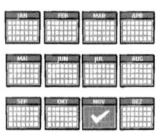

Kasım
....
November

Aralık
....
Disember

şekiller
bentuk

daire
....
bulatan

kare
....
petak

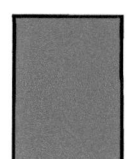

dikdörtgen
....
segi empat tepat

üçgen
....
segitiga

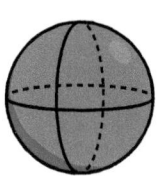

küre
....
sfera

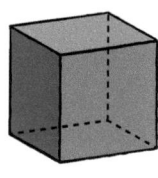

küp
....
kiub

renkler

warna

beyaz
....
putih

sarı
....
kuning

turuncu
....
oren

pembe
....
merah jambu

kırmızı
....
merah

mor
....
ungu

mavi
....
biru

yeşil
....
hijau

kahverengi
....
coklat

gri
....
kelabu

siyah
....
hitam

çok / az

banyak / sedikit

kızgın / sakin

marah / tenang

güzel / çirkin

cantik / hodoh

başlangıç / son

bermula / tamat

büyük / küçük

besar kecil

parlak / karanlık

terang / gelap

erkek kardeş / kız kardeş

abang / kakak

temiz / kirli

bersih / kotor

tamam / eksik

lengkap / tidak lengkap

gün / gece

hari / malam

ölü / canlı

mati / hidup

geniş / dar

luas / sempit

yenilebilir / yenilemez

boleh dimakan / tidak boleh dimakan

kötü / iyi

jahat / baik

heyecanlı / sıkılmış

teruja / bosan

şişman / zayıf

gemuk / kurus

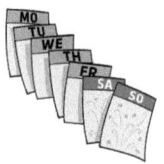

ilk / son

pertama / terakhir

dost / düşman

kawan / musuh

dolu / boş

penuh / kosong

sert / yumuşak

keras / lembut

ağır / hafif

berat / ringan

açlık / susuzluk

lapar / dahaga

hasta / sağlıklı

sakit / sihat

yasa dışı / yasal

menyalahi undang-undang / undang-undang

zeki / aptal

pintar / bodoh

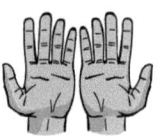

sol / sağ

kiri / kanan

yakın / uzak

dekat / jauh

yeni / kullanılmış

baru / lama

hiçbir şey / bir şey

tiada / sesuatu

yaşlı / genç

tua / muda

açma / kapama

hidup / mati

açık / kapalı

terbuka / tertutup

sessiz / gürültülü

diam / bising

zengin / fakir

kaya / miskin

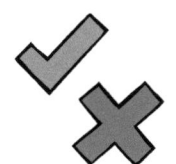

doğru / yanlış

betul / salah

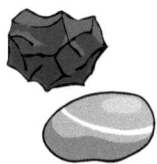

pürüzlü / düz

kasar / halus

üzgün / mutlu

sedih / gembira

kısa / uzun

pendek / panjang

yavaş / hızlı

lambat / laju

ıslak / kuru

basah / kering

sıcak / serin

panas / sejuk

savaş / barış

berperang / berdamai

0

sıfır

sifar

1

bir

satu

2

iki

dua

3

üç

tiga

4

dört

empat

5

beş

lima

6

altı

enam

7

yedi

tujuh

8

sekiz

lapan

9

dokuz

sembilan

10

on

sepuluh

11

on bir

sebelas

12	**13**	**14**
on iki	on üç	on dört
dua belas	tiga belas	empat belas

15	**16**	**17**
on beş	on altı	on yedi
lima belas	enam belas	tujuh belas

18	**19**	**20**
on sekiz	on dokuz	yirmi
lapan belas	Sembilan belas	dua puluh

100	**1.000**	**1.000.000**
yüz	bin	milyon
ratus	ribu	juta

İngilizce

Bahasa Inggeris

Amerikan İngilizcesi

Bahasa Inggeris Amerika

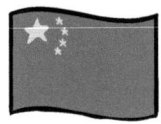

Çince (Mandarin)

Bahasa Cina Mandarin

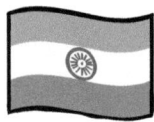

Hintçe

Bahasa Hindi

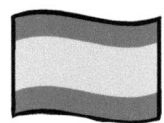

İspanyolca

Bahasa Sepanyol

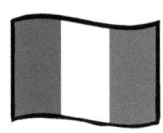

Fransızca

Bahasa Perancis

Arapça

Bahasa Arab

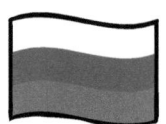

Rusça

Bahasa Rusia

Portekizce

Bahasa Portugis

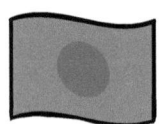

Bengalce

Bahasa Benggali

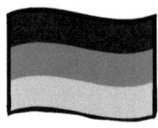

Almanca

Bahasa Jerman

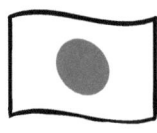

Japonca

Bahasa Jepun

ben
....
saya

sen
....
anda

o
....
dia / dia / ia

biz
....
kita

siz
....
anda

onlar
....
mereka

kim?
....
siapa?

ne?
....
apa?

nasıl?
....
bagaimana?

nerede?
....
di mana?

ne zaman?
....
bila?

isim
....
nama

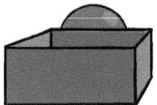

arkasında

belakang

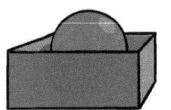

içinde

dalam

önünde

di hadapan

üzerinde

lebih

üstünde

pada

altında

di bawah

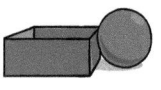

yanında

bersebelahan

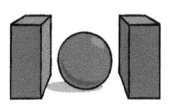

arasında

antara

yer

tempat